AF403265

REVUE TRIMESTRIELLE

DE

DROIT CIVIL

COMITÉ DE DIRECTION :

A. ESMEIN

Membre de l'Institut,
Professeur à la Faculté de droit
de l'Université de Paris ;

R. SALEILLES

Professeur à la Faculté de droit
de l'Université de Paris ;

CH. MASSIGLI

Professeur à la Faculté de droit
de l'Université de Paris ;

ALBERT WAHL

Professeur à la Faculté de droit
de l'Université de Paris,
Doyen honoraire de la Faculté de droit
de l'Université de Lille.

EXTRAIT

DES EFFETS DE LA CLAUSE D'IMPUTATION
ADJOINTE
A LA CONSTITUTION DE DOT
par les père et mère des futurs époux
Par M. Jean SOURDOIS
*docteur en droit (sciences juridiques
et sciences politiques et économiques)*

ABONNEMENT ANNUEL :

France, **20** francs; Étranger, **22** francs.
Prix du Nº *franco*, **6** francs.

LIBRAIRIE
DE LA SOCIÉTÉ DU

RECUEIL SIREY

22, *rue Soufflot*, PARIS, 5e arr.
L. LAROSE & L. TENIN, Directeurs

DES EFFETS

DE LA

CLAUSE D'IMPUTATION ADJOINTE A LA CONSTITUTION DE DOT

PAR

LES PÈRE ET MÈRE DES FUTURS ÉPOUX

Par M. Jean Sourdois,

Docteur en droit
(Sciences juridiques et Sciences politiques et économiques).

---

1. — Si l'usage de doter les enfants, à l'occasion de leur mariage, est, depuis temps immémorial, tellement ancré chez les parents de race latine, c'est que diverses combinaisons dues, pour la plupart, à l'ingéniosité des praticiens, permettent à ces parents de concilier leurs propres intérêts avec les libéralités traditionnelles auxquelles ils se considèrent comme moralement obligés.

Les parents, en effet, au moment du mariage de leurs enfants, se trouvent sous l'influence de sentiments d'ordres si différents, qu'ils ne peuvent céder aux uns sans courir le risque de contrarier les autres ; ils désirent, c'est entendu, se montrer, envers leurs enfants, le plus généreux possible ; ils n'ignorent pas que, pour les filles surtout, la considération de la dot joue dans la conclusion du mariage un rôle considérable, que le futur ménage compte essentiellement sur cette dot pour constituer ou augmenter ses res-

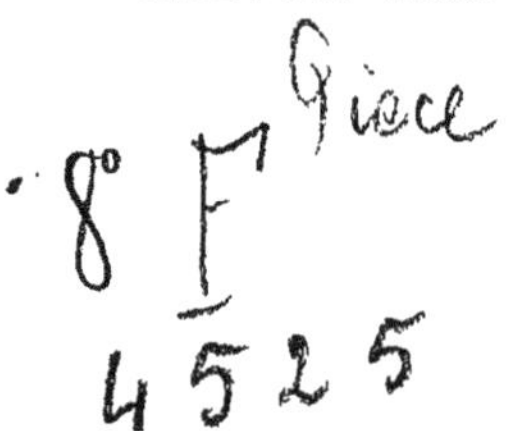

sources; l'on sait qu'un établissement avantageux dépend très souvent du chiffre de la dot.

Mais les parents ne sont pas disposés, pour cela, à faire abstraction de leur propre intérêt et de celui de leurs autres enfants; d'accord avec les préceptes de la loi française, ils veulent, avant tout, se montrer également généreux envers tous leurs enfants, maintenir entre eux une égalité plus rigoureuse encore que celle du Code civil, puisqu'ils usent assez rarement des dispositions relatives à la quotité disponible; aussi bien les principes égalitaires gouvernent-ils les institutions privées comme les publiques et sont-ils, à ce double point de vue, solidement enracinés dans les usages de notre société française.

J'ai dit que les parents ne perdaient pas non plus de vue leur propre intérêt : ils tiennent à conserver des ressources suffisantes autant que durera la vie commune et aussi à assurer au survivant une existence aussi aisée que celle que lui procurait la vie conjugale. C'est à la réalisation de ce triple objectif qu'ils vont s'efforcer d'aboutir, lorsqu'il s'agira d'arrêter les conventions matrimoniales de leurs fils ou de leurs filles.

2. — Ils pourront l'atteindre en toute certitude et sans difficultés, s'ils ont recours à l'une de ces clauses imaginées par les notaires et qui, sans se heurter à aucun texte du Code civil, permettent de réaliser des combinaisons infiniment souples et variées, conciliant, suivant les désirs particuliers de chacun, les diverses considérations que je viens de rappeler.

Ces clauses, dont les tribunaux admettent la validité et consacrent les effets, aux conditions et dans des mesures que j'aurai à déterminer au cours de cette étude, ne sont pas dues de toutes pièces à l'ingéniosité des praticiens qui ont eu à appliquer le Code civil et à tenir compte de ses prescriptions. Elles se sont introduites petit à petit dans les usages notariaux; elles ont passé par des phases diverses et ont reçu des perfectionnements successifs, avant d'atteindre le point satisfaisant où elles sont arrivées aujourd'hui; un coup d'œil rapide sur leur remarquable évolution historique est l'introduction nécessaire à l'étude de leur fonctionnement actuel.

3. — On sait de quelles entraves, de quelles restrictions sont entourées, dans notre droit civil, les donations entre-vifs et à cause de mort au profit d'autres personnes que les descendants du donateur; les enfants sont très énergiquement protégés contre les libéralités que leurs parents pourraient faire à d'autres qu'à eux, même contre celles que leurs père et mère, en témoignage d'affection et de reconnaissance, après une longue existence commune, pourraient être tentés de se faire réciproquement; autant il leur fut toujours facile de se dépouiller en faveur de leurs enfants, autant il leur fut longtemps malaisé d'assurer au survivant, pour ses vieux jours et son veuvage, une situation point trop amoindrie.

La coutume réformée de Paris[1] interdisait les donations mutuelles aux époux communs en biens, lorsqu'il existait des enfants issus du mariage; on voulait, évidemment, permettre à ceux-ci de recevoir intégralement le patrimoine paternel ou maternel, dès le décès du prémourant de leurs auteurs; mais cette disposition de la coutume allait, par son exagération même, à l'encontre de son but: ne pouvant compter sur l'héritage de son conjoint, chacun des époux avait tout intérêt à conserver intact tant son propre patrimoine que celui de la communauté, pour le cas où il survivrait à l'autre époux et se trouverait ainsi réduit à ses ressources personnelles; au moins, aurait-il fallu permettre l'établissement d'un usufruit partiel.

4. — C'est ce que comprirent les rédacteurs de 1580,

____

(1) *Article 280 (ancien art. 155)* : « Homme et femme conjoints par mariage, étans en santé, peuvent et leurs loist faire donation mutuelle l'un à l'autre également de tous leurs biens meubles et conquests immeubles faits constant et durant leur mariage et qui sont trouvés à eux appartenir et être communs entr'eux à l'heure du trépas du premier mourant desdits conjoints : pour en jouir par le survivant d'iceux conjoints, sa vie durant seulement, en baillant par lui caution suffisante de restituer lesdits biens après son trépas : *pourvu qu'il n'y ait enfants*, soit des deux conjoints ou de l'un d'eux lors du décès du premier mourant ».

qui introduisirent dans la coutume de Paris une disposition bien connue, mais cependant trop importante pour que l'on puisse se dispenser de la rappeler : « Père et mère marians leurs enfants, disait le nouvel article 281, peuvent convenir que leurs dits enfants laisseront jouir le survivant de leurs dits père et mère des meubles ou conquêts du prédécédé, la vie durant du survivant, pourvu qu'il ne se remarie. Et n'est réputé tel accord avantage entre les conjoints ».

Excellente disposition, bien que de portée restreinte, qui, par cette réserve d'usufruit, pouvait inciter les parents à se montrer d'autant plus larges qu'à la dissolution du mariage par le décès du prémourant, le survivant pouvait compter sur l'usufruit intégral et des conquêts et des meubles propres au prédécédé. Aussi nos vieux civilistes[1] ne pouvaient-ils qu'approuver la réforme de 1580. Le plus illustre d'entre eux disait que cette espèce de don mutuel avait eu pour motif d'encourager les parents à aider à l'établissement par mariage de leurs enfants, parce qu'il était une condition de la dot et comme une récompense de la libéralité que, de leur vivant, ils consentaient à leurs enfants[2]. Évidemment, le procédé adopté en 1580 était ingénieux, puisqu'il faisait de la constitution de la dot la condition formelle de la donation d'usufruit ; la clause qu'il autorisait fut désignée sous le nom de clause de *laisser jouir* : son insertion devint de plus en plus fréquente dans les contrats de mariage passés dans les pays régis par la coutume de Paris.

5. — Bien vite, on imagina des variantes : on stipulait, comme condition de la constitution de dot, qu'au décès de l'un ou de l'autre des père et mère, l'enfant ne pourrait demander au survivant ni compte ni partage des biens de la communauté ; on ajoutait quelquefois que celui-ci con-

---

(1) Bourjon, *Le droit commun de la France et la coutume de Paris*, liv. V, tit. VIII, ch. I, n° 1 ; Lebrun, *Traité de la communauté*, liv. III, ch. II, sect. 6, dist. 2, n° 31 ; Renusson, *Traité de la communauté*, 1re part., ch. XIV, n° 5.

(2) Pothier, *Traité des donations entre mari et femme*, 3e partie, n° 256.

tinuerait à jouir de ces biens sa vie durant, comme avant
son veuvage. La validité de cette dernière clause fut l'objet
de contestations : mais elle se trouva consacrée par un arrêt du Parlement du 31 août 1679[1], bien que Bourjon eût
prétendu qu'elle différait profondément de la clause de
laisser jouir ; au contraire, Renusson et Pothier attribuaient
à toutes deux la même portée et les mêmes effets et c'est
leur opinion qui prévalut en pratique. N'y avait-il pas toujours combinaison d'une constitution de dot, faite à l'enfant par ses père et mère, avec un don mutuel et récipro-
que de ceux-ci l'un à l'autre ?

Ce sont, en effet, les deux éléments dont la réunion
forme la clause de laisser jouir.

Il faut noter que l'enfant, quelquefois, pouvait y trouver
un réel désavantage : la donation portait sur l'usufruit de
sa part dans la communauté et les meubles du prémourant ; ce qui pouvait réaliser un émolument supérieur à la
dot qu'il avait reçue ; l'aléa risquait d'ailleurs de tourner
au préjudice de l'époux survivant, lorsque, par exemple,
il s'était dépouillé d'une part plus forte de ses propres
biens, dans l'espoir d'un usufruit réduit à néant par l'in-
existence de conquêts ou de meubles délaissés par le prémourant.

Quoi qu'il en soit, la clause de laisser jouir subissait
l'application des règles du don mutuel : il fallait que la
part d'usufruit promise au survivant fût la même, quel que
fût le survivant ; le père ne pouvait pas stipuler une part
plus forte que la mère, ou réciproquement ; la clause ne
pouvait concerner que les meubles et les conquêts de
communauté ; il était nécessaire qu'une communauté
existât entre les père et mère, aussi bien au jour du décès
du prémourant qu'à celui de la donation : la survenance
d'une séparation de biens avait pour effet d'anéantir le don
mutuel ; enfin, celui-ci ne pouvait porter que sur un usufruit ; une pleine propriété n'en aurait su constituer
l'objet [2].

<hr>

(1) *Journ. du Palais*, t. II, p. 83.
(2) Pothier, *op. cit.*, n°ˢ 257 et 2i1 ; Renusson, *op. cit.*, n° 2.

6. — Mais la clause dérogeait à deux principes fondamentaux du droit coutumier ; c'est pourquoi elle devait obéir très exactement aux prescriptions de l'article 281, dans lequel elle puisait sa validité, mais que l'on devait interpréter strictement, lui-même apportant une exception très grave au droit commun contenu dans l'article 280, prohibitif du don mutuel entre époux ayant des enfants communs ; c'est d'ailleurs en quoi consistait la première dérogation ; la seconde était l'échec porté à la règle défendant de renoncer à la succession d'une personne vivante. Aussi, la clause de laisser jouir ne pouvait-elle figurer que dans un contrat de mariage ; permise aux seuls père et mère, elle demeurait interdite aux grands-parents ; avant tout, elle devait s'appliquer à tous les enfants et non pas à certains d'entre eux seulement. Enfin, le texte même qui l'autorisait en subordonnait la validité à la non célébration d'un second mariage de l'époux survivant. Comme ce texte lui-même, la clause n'avait de valeur que dans le ressort de la coutume de Paris. C'étaient bien des restrictions gênantes, qui suscitèrent de nombreuses critiques.

Voilà pour le premier élément de la clause de laisser jouir, le don mutuel ; l'autre était une constitution de dot, en vertu de laquelle l'enfant, en acceptant la libéralité qui lui était consentie, renonçait implicitement à invoquer la nullité du don mutuel résultant aussi de l'acte auquel cet enfant était d'ailleurs partie nécessaire : la libéralité était la cause de la renonciation, de même que celle-ci n'était consentie qu'en considération de la libéralité : sans don mutuel, pas de constitution de dot et réciproquement.

7. — Une fois le contrat signé, la dot payée, le mariage célébré, rien de particulier ne se passait jusqu'au décès de l'un des constituants : c'est au jour de ce décès seulement que la clause de laisser jouir allait produire ses effets ; grâce à elle, le partage des biens de la communauté et des meubles du défunt ne pouvait avoir lieu, au moins en ce qui concernait leur jouissance, qui demeurait l'apanage exclusif de l'époux survivant. L'enfant n'avait même pas la faculté de restituer à l'époux survivant ce qu'il avait reçu en dot de ce dernier, afin de recevoir immédiatement sa part de meubles et de communauté; il ne pouvait contrevenir aux conventions qu'il avait consenties au moment de son mariage.

Mais il arrivait quelquefois que l'enfant doté avait des frères et sœurs non mariés au moment du décès du prémourant de leurs auteurs communs; ces frères et sœurs n'avaient été généralement gratifiés d'aucune libéralité; aussi fallait-il rétablir l'équilibre entr'eux tous, en obligeant l'enfant doté à rapporter à la succession, en cas de constitution conjointe, la moitié de sa dot ; celui-ci possédait, il est vrai, un moyen d'échapper au rapport : c'était de renoncer à la succession, pour s'en tenir à la libéralité, comme le permettaient les articles 303 à 307 de la coutume de Paris. Mais s'il acceptait la succession, il devait le rapport, parce qu'il était donataire vis-à-vis de ses frères et sœurs, auxquels il ne pouvait opposer l'abandon d'usufruit qu'il avait consenti [1].

Le rapport s'effectuait en moins prenant : l'enfant doté ne pouvait évidemment toucher une seconde fois la part de propres qu'il avait déjà reçue ; il était possible que les propres fussent insuffisants pour procurer aux enfants non dotés un émolument égal à la dot reçue par l'enfant doté ; c'est alors que celui-ci conservait un réel avantage, car on ne l'obligeait point à un rapport effectif de ses biens personnels ; notamment, il échappait à la restitution de la dot ; le conjoint survivant supportait l'insuffisance des propres du prédécédé ; Ferrière nous apprend que, pour arriver à un rapport suffisant, on faisait abstraction de la clause de laisser jouir : en effet, l'enfant doté effectuait le surplus de son rapport en moins prenant sur les biens de communauté, sans tenir compte de la jouissance de l'époux survivant sur sa part dans ses biens [2].

8. — C'est ainsi que la clause de laisser jouir fonction-

(1) Cpr. Lebrun, *op. cit.*, n° 33.

(2) *Corps et compilation de tous les commentateurs anciens et modernes sur la Coutume de Paris*, t. III, sous l'article 281, n° 19.

nait et produisait ses effets ; son emploi n'empêchait pas
les deux époux de demeurer chacun donateur dans les proportions indiquées au contrat de mariage, généralement
pour moitié. On devait parvenir à faire retomber tout le
poids de la donation sur le prémourant.

On interpréta de plus en plus largement l'article 281 ;
on s'attacha beaucoup moins à ses termes, pour ne considérer que son esprit, qui était de permettre de plus avantageuses constitutions de dot, en diminuant le moins possible
les ressources du survivant des constituants ; pour échapper
à l'éventualité que je signalais il y a un instant, l'on imagina
de nouvelles rédactions de la clause de laisser jouir ; la jurisprudence accepta sans trop de difficultés de sanctionner les
effets nouveaux qui en découlaient. Les innovations étaient
introduites tantôt dans l'intérêt commun de l'enfant doté et
du survivant des constituants, tantôt dans l'intérêt particulier de l'un des deux.

D'abord, on inséra la clause de laisser jouir dans des
contrats passés hors du ressort de la coutume de Paris ; on
l'appliqua non plus seulement aux meubles et aux conquêts de communauté, mais, indistinctement, à tous les
biens du prémourant des donateurs ; c'était, évidemment,
étendre l'article 281 hors de son domaine : aussi, dans ces
deux hypothèses, décidait-on que l'enfant n'était plus tenu
de respecter la clause de laisser jouir ; à qui aurait voulu
lui en imposer l'observation, il aurait, à juste titre, ob-
jecté que l'on n'était plus dans les limites de l'article 281.
Le sort de la combinaison se trouvait donc entre les mains
de l'enfant ; son avantage lui dictait le parti à prendre.
Mais si, malgré le contrat de mariage, il obligeait l'époux
survivant au partage des propres, dans la coutume de Paris,
et de tous les autres biens, dans le ressort des autres coutu-
mes, il devait restituer à ce survivant la part de dot qu'il
avait fournie : sinon, l'équité aurait été gravement méconnue. Pothier nous dit à ce sujet : « En provoquant le
survivant à ce partage, il (l'enfant doté) fait défaillir la
condition apposée à la dot qui lui a été donnée par le survivant ; celui-ci sera censé n'avoir pas doté, et l'enfant de-

vra rendre au survivant la dot qu'il a reçue pour la moitié
pour laquelle il y a contribué [1] » ; il explique ensuite comment, en pratique, on pourra assurer cette restitution :
que l'on suppose, d'abord, que l'enfant doté soit seul héritier et vienne avec sa mère au partage de la communauté
ayant existé entre elle et le mari prédécédé; cet enfant
devait remettre à sa mère la part de dot qu'elle avait fournie, ou lui permettre d'en prélever l'équivalent sur les
biens de communauté, avant de procéder à leur partage ;
il est facile de se rendre compte que, des deux manières, on
aboutissait au même résultat. Si, au contraire, l'enfant doté
avait des cohéritiers, il devait leur rapporter la portion de
dot fournie pour le prémourant et, en outre, les relever in-
demne, si l'on avait eu recours au procédé du prélèvement, de ce qu'une dette à lui personnelle avait été payée
à l'aide de biens de la succession. En définitive, l'enfant
donataire rapportait sa dot tout entière à la succession du
prémourant.

J'observe en passant que l'on n'avait pas toujours le choix
entre les deux procédés : si la succession ne suffisait pas à
rembourser le survivant des époux de la part de dot qu'il
avait fournie, il ne pouvait plus être question de prélèvement; il n'y avait plus qu'à recourir contre l'enfant doté,
personnellement.

Lorsqu'il était possible, il est incontestable que le procédé du prélèvement présentait des avantages très appré-
ciables; aussi, les parties convenaient-elles habituellement
par avance, dans le contrat de mariage même, que l'on
aurait exclusivement recours à ce genre de liquidation,
lorsque l'enfant, usant de son droit d'invoquer la nullité
de la clause de laisser jouir, demanderait le partage de la
communauté et s'opposerait à la jouissance exclusive de
l'époux survivant. Mais alors, si le prélèvement ne pouvait
s'opérer, à cause de l'insuffisance de la succession du prémourant, le survivant n'avait plus de recours direct contre
le donataire; à ce point de vue, celui-ci se trouvait à l'abri;

____

(1) *Op. cit.*, n° 258.

mais, le décès de l'un de ses donateurs survenant, il était obligé d'effectuer le rapport intégral de sa dot. Ne voit-on pas, dès lors, à quoi on aboutissait, en réalité? A considérer le prémourant comme seul donateur, à rendre le survivant complètement étranger à la constitution de dot : c'étaient exactement les effets de la clause d'imputation pure et simple, telle qu'elle se pratique aujourd'hui et que je me propose précisément de l'étudier dans les pages suivantes.

La clause elle-même n'existait pas encore ; mais si l'enfant, qui avait consenti, dans son contrat de mariage, à « laisser jouir » le survivant au delà des limites permises par la coutume, se ravisait ensuite et exigeait le partage intégral des propres et de la communauté, il devait rapporter sa dot tout entière à la succession du prédécédé, ce qui avait pour conséquence de dégager le survivant, censé désormais n'avoir rien donné en dot et muni d'un droit de récompense contre la succession du prédécédé, afin de recouvrer un émolument égal à la portion de dot qu'il avait personnellement et réellement fournie.

9. — Lorsqu'on eut nettement conscience de ce résultat, on fit de la clause d'imputation une clause indépendante de celle de laisser jouir ; cependant, on avait l'habitude de laisser à l'enfant le choix entre les deux combinaisons : c'est que, malgré les apparences et l'identité de but, elles différaient sensiblement quant à leurs effets, ainsi que Pothier n'a pas manqué de l'observer [1] ; lorsque l'on convient d'imputer l'intégralité de la dot sur la succession du prémourant, celui-ci est seul réputé en avoir donné le montant, le rapport ne s'en fera qu'à sa seule succession — tandis que s'il est décidé que le partage ne pourrait être imposé au survivant que moyennant le rapport de toute la dot à la succession du prédécédé et si l'enfant doté n'exige pas qu'il soit procédé au partage, le rapport se fera pour moitié à chacune des deux successions.

Tel est le dernier état de l'ancien droit : il n'alla pas plus avant; il ne connut pas l'imputation subsidiaire sur

(1) Introd. au tit. XVII de la Coutume d'Orléans, n° 86.

la succession du survivant; si quelques auteurs paraissent
en avoir entrevu la possibilité, l'évolution ne s'acheva pas
dans la pratique; plus tard, seulement, on devait imaginer
et appliquer des combinaisons plus respectueuses de la li-
berté des parties, plus avantageuses pour les intérêts des
enfants comme de leurs père et mère.

Ce n'est pas que le législateur de 1804 ait apporté de
nouvelles précisions et des lumières plus éclatantes; il est
demeuré muet sur la clause d'imputation, cependant nécessaire pour permettre aux parents de se montrer généreux envers leurs enfants, grâce à une protection des intérêts pécuniaires du survivant d'entre eux, autrement effi-
cace que celle qui résulte de la constitution de dot conjointe organisée par l'article 1438 du Code civil. Une fois
de plus, on s'est passé du législateur; on a atteint le but
par la résolution de l'obligation du constituant, qui sera
réputé étranger à la dot, dont toute la charge retombera
sur la succession du prémourant; en même temps, l'enfant
doté est astreint à un rapport qui rétablit entre ses frères
et sœurs et lui-même l'égalité compromise par la constitution de dot, dont tous n'ont pas bénéficié; quant à l'incon-
vénient qui provient, pour le donataire, du fait qu'à raison
de l'insuffisance de la succession du prémourant, il court
le risque d'être quelquefois obligé au rapport réel envers
ses cohéritiers d'une partie de la dot — conséquence très
juridique, assurément, mais non moins préjudiciable pour
celui qui se trouve ainsi obligé à un rapport effectif — la
pratique a cherché et découvert le moyen de le prévenir :
elle est parvenue à assurer l'irréductibilité de la dot, grâce
à la clause d'imputation dite subsidiaire, consistant dans
l'adjonction à la clause d'imputation pure et simple de la
stipulation que la dot sera subsidiairement imputable sur
la succession du survivant. Ainsi, le donataire est assuré de
conserver sa dot intégrale jusqu'au décès du survivant;
celui-ci ne se trouvera plus libéré par le seul avènement
de la condition résolutoire de sa survie; son obligation sera
maintenue, dans les limites qu'il y aura lieu plus tard de
préciser.

10. — Nous sommes prêts, maintenant, à aborder la question très controversée des effets de la clause d'imputation, sous l'une ou l'autre de ses formes : la première, la clause d'imputation intégrale ou pure et simple, propre à sauvegarder surtout l'intérêt de l'époux survivant ; la deuxième, la clause d'imputation subsidiaire, plus avantageuse pour l'enfant doté. Lorsque l'on étudie les clauses d'imputation, la question de leurs effets est la seule qui, réellement, soulève des difficultés, depuis que la Cour de cassation en a proclamé la validité, que nul ne conteste plus aujourd'hui, aux termes d'un arrêt bientôt séculaire [1]. Ces difficultés naissent, non pas du vivant de père et mère qui ont constitué la dot, mais lors du décès du prémourant ; en effet, auparavant, il n'y a qu'à appliquer dés règles bien connues.

Ce décès survenu, je me propose, lorsqu'on se trouve en présence de la clause d'imputation pure et simple, d'examiner comment son application va réagir sur les rapports de l'enfant doté avec l'époux survivant et la succession du prédécédé et sur ceux des constituants avec la communauté ; puis, quelles sont les conséquences. de la clause d'imputation subsidiaire, au sujet de laquelle le désaccord le plus complet règne entre les auteurs, la Cour de cassation et les Cours d'appel. En terminant, il sera beaucoup plus aisé d'indiquer ce qui se passera au décès de l'époux survivant. A cet égard, il n'y a guère controverse.

I

11. — Les recueils de formules notariales nous indiquent comment, en pratique, est conçue la clause d'imputation pure et simple. Les notaires ont recours aux rédactions suivantes (je les puise dans le Traité Formulaire général du notariat de M. Amiaud) [2] : « *La dot sera imputable pour le tout sur la succession du prémourant des consti-*

____

[1] 11 juillet 1814, S. 14. 1. 279, D. 14. 1. 394.
[2] V° *Don par contrat de mariage*, n° 15.

tuants » — c'est la formule indiquée par Pothier (1) —
ou : « *La dot est constituée pour le tout en avancement
d'hoirie sur la succession du prémourant des constituants* »,
ou à d'autres analogues, qui ont reçu l'approbation de civilistes faisant autorité (2).

Leurs effets sont équivalents ; ils dérivent, comme l'ont
avec raison observé ceux qui se sont occupés de la question,
de la nature de la clause d'imputation : le prémourant se
trouve débiteur de la dot tout entière, mais son obligation
est affectée de modalités différentes, selon que l'on envi-
sage l'une ou l'autre des deux moitiés de cette dot (je suppose, pour plus de simplicité, que c'est dans la proportion
de moitié que les deux époux ont participé à son paiement) :
il doit une moitié sous la condition résolutoire de sa survivance, l'autre sous la condition suspensive de son prédécès.
Or, celui-ci étant survenu, on aperçoit immédiatement que
la condition résolutoire est défaillie, tandis que la condition suspensive est réalisée ; d'où il suit que l'époux prédécédé va être considéré, rétroactivement, comme ayant seul,
dès l'origine, constitué la dot dans son intégralité.

Le survivant, au contraire, qui s'était engagé en même
temps et de la même manière que le prédécédé, se trouve
rétroactivement libéré de tout engagement : la condition
résolutoire s'est réalisée, la condition suspensive a défailli.
Désormais, tout va se passer comme si, dès l'origine, c'est-
à-dire au moment de la constitution de dot, il n'y avait eu
qu'un seul donateur, celui dont le décès est survenu le premier. Que va-t-il donc arriver, lors de ce prédécès? Divers
intérêts, ceux de l'enfant doté, ceux de la succession de
l'époux prédécédé, ceux de l'époux survivant, enfin de la
communauté, se trouvent en présence — en conflit. La
clause d'imputation ne va pas manquer d'affecter leurs
rapports ; je vais déterminer dans quelle mesure elle va
réagir, en considérant d'abord les rapports de l'enfant doté

---

(1) *Op. cit.*, nº 289.

(2) Aubry et Rau, 5ᵉ édit., t. V, § 500. — Baudry-Lacantinerie, *Précis*,
t. III, nº 160. — Guillouard, *Contrat de mariage*, t. I, nº 147. — Laurent,
t. XXI, nº 170.

avec les constituants, puis les rapports de ceux-ci entre eux
et avec la communauté.

A. *Rapports de l'enfant doté avec les constituants.* — 12.
— Il existe un système, admis par la jurisprudence et la plupart des auteurs, qui me paraît exact, encore qu'il ait été
critiqué et combattu par des jurisconsultes considérables :
le prémourant des époux est considéré comme seul donateur ; grâce à sa survivance, l'autre époux devient et demeure étranger à la constitution de dot.

Celle-ci fut-elle payée du vivant des constituants? Le bénéficiaire, s'il est seul héritier de son conjoint prédécédé,
conservera par devers lui l'intégralité de la dot reçue, quelque parti qu'il ait pris vis-à-vis de la succession ; on sait
que s'il est acceptant pur et simple, il se trouve tenu des
dettes successorales *etiam ultra vires hereditatis* ; c'est le
seul motif pour lequel il pourrait ne pas conserver l'intégralité de la dot.

Mais si, au contraire, il a des frères et sœurs venant
avec lui à la succession de leur auteur commun, il est évident que des questions de rapport et de réduction seront
quelquefois susceptibles de se poser; mais on aura sans
peine la solution de cette légère difficulté, si l'on prend
soin de distinguer selon que le donataire accepte ou répu-
die la succession.

S'il accepte, l'enfant doté doit le rapport intégral de la
dot qu'il a reçue, sans qu'il y ait lieu de s'arrêter à l'origine
des biens qui composaient la dot ; en d'autres termes, il importe peu qu'elle ait été fournie à l'aide de biens communs
ou propres et, dans cette dernière hypothèse, que ces propres appartinssent au prémourant ou au survivant; naturellement, il pourra y avoir lieu à récompense entre les
époux ; mais c'est une autre question, à laquelle je ne m'arrête pas pour l'instant; j'y reviendrai plus tard.

Pothier déjà avait indiqué nettement cette nécessité du
rapport intégral : « Lorsqu'il est porté, disait-il, par la
donation, que la dot s'imputera en entier sur la succession du prédécédé, le prédécédé est censé avoir donné
seul le total et le rapport ne s'en fera qu'à sa suc-

cession » [1]; nos auteurs contemporains et notre jurisprudence l'ont admise [2], à cause de l'article 850 du Code civil. Elle paraît, en effet, commandée par ce texte et, aussi, résulter de la double condition suspensive et résolutoire qui affectait la constitution de dot.

Cette obligation au rapport intégral aura quelquefois pour conséquence de restreindre l'émolument de l'enfant doté, s'il lui est attribué, par le partage, une valeur inférieure à celle qu'il avait reçue en dot; c'est justice, et il ne pourrait s'en prendre à qui que ce soit, encore moins à l'époux survivant qu'à tout autre, puisque ce dernier, par l'effet de la condition résolutoire, est devenu étranger à la constitution de dot. Peut-être cet enfant pensera-t-il que le prémourant, de tempérament plus généreux que prévoyant, avait mal calculé ce dont il pouvait disposer en sa faveur, ou bien avait témérairement escompté sa survie.

Il existe cependant un procédé qui permet à l'enfant doté de se soustraire au rapport et de conserver sa dot, à concurrence de la quotité disponible bien entendu : il n'a qu'à renoncer à la succession ; mais comme il comptera quand même au nombre des héritiers pour le calcul de la réserve, conformément au système admis par la Cour de cassation aux termes du célèbre arrêt Lavialle [3], sa présence contribuera à restreindre la quotité disponible. A lui de voir, par une opération de calcul d'ailleurs élémentaire, où se trouve son véritable intérêt [4].

On aboutira, en pratique, aux mêmes résultats, si l'en-

(1) Introd. au tit. XVII de la Conv. d'Orléans, n° 86.

(2) Amiaud, *Traité formul. du not.*, v° *Partage.* n° 1966; Aubry et Rau, t. V, § 550; Demolombe, *Traité des success.*, t. IV, n° 272; Guillouard, *op. cit.*, t. I, n° 176; Laurent, t. XXI, n° 173; Planiol, *Traité*, t. III, n° 880; Tessier, *Traité de la dot*, t. I, p. 141 et suiv.; Vigié, *Rev. crit.*, 1901, p. 203 et 204. — V. également Coirre, *Des clauses d'imputation de la dot sur la succession du prémourant des constituants*, thèse, Rennes, 1904, p. 114 et 129 et Davril, *Des clauses d'imputation de la dot sur la succession des père et mère constituants*, thèse, Paris, 1908, p. 64 et suiv., 80 et suiv. — Cass., 3 juillet 1872, S. 72. 1. 201.

(3) 27 nov. 1863, S. 63. 1. 513. V. aussi Cass. 13 août 1866, S. 66. 1. 467; Planiol, *op. cit.*, n° 3061.

(4) Cpr. Aubry et Rau, t. V, § 500 et note 18; Guillouard, *op. cit.*, t. I, n° 177.

fant n'a pas encore reçu le montant de sa dot au moment
où l'un des constituants vient à décéder : accepte-t-il purement et simplement la succession de ce dernier ? Il ne
saurait évidemment plus être question de rapport ; l'enfant
viendra au partage exactement comme s'il n'avait jamais
été doté ; il recueillera simplement sa part héréditaire,
toujours sans posséder aucun recours contre le constituant
survivant, si elle se trouve inférieure à la dot promise.

N'accepte-t-il que sous bénéfice d'inventaire ? Il est bien
créancier, contre la succession, de la dot tout entière et
viendra au marc le franc avec les autres créanciers ; mais
il devra à ses cohéritiers le rapport intégral de la somme
qu'il aura ainsi touchée : ce que j'ai dit jusqu'ici le montre
clairement.

Enfin, s'il renonce, il pourra bien agir contre la succession en paiement de sa dot, puisqu'il est devenu créancier
de la succession par l'effet de sa renonciation ; mais il ne
possédera ce droit que dans les limites de la quotité disponible.

13. — Voilà quel système ont admis la doctrine et la jurisprudence ; il est aussi simple que le permettent nos lois sur
le rapport, la réserve et la quotité disponible ; il tient le
compte le plus exact de la double condition suspensive et
résolutoire dont est affectée, comme je l'ai observé, la
constitution de dot. Il protège, aussi complètement que possible, les interêts de l'époux survivant, mais non sans sacri-
fier quelquefois ceux de l'enfant doté ; à l'égard de ce dernier, le système admis en pratique n'est pas sans quelque
rigueur. C'est cette considération qui a incité d'éminents
civilistes à faire produire à la clause d'imputation pure et
simple des effets tout différents. Une tentative jadis faite par
Toullier, puis reprise par Labbé sous d'autres formes, a été
récemment renouvelée, avec de nouvelles variantes, par
M. Esmein et par M. Planiol. Ces savants auteurs, en des
formes différentes, en arrivent à prétendre que les constituants, prévoyant le cas où la part de l'enfant doté dans la
succession du prémourant serait inférieure à la dot reçue,
ont désiré, certainement, que le rapport se fît seulement à

concurrence des droits de l'enfant dans cette succession et se compensât alors avec leur montant.

Ainsi, la clause d'imputation aurait pour conséquence, non pas d'anéantir, mais de diminuer l'obligation du survivant des époux ; cette obligation subsisterait pour la portion de dot excédant les droits héréditaires de l'enfant dans la succession du prémourant des constituants.

14. — Toullier, le premier, avait soutenu qu'il fallait entendre dans ce sens la stipulation que la dot serait imputable en entier sur la succession du prémourant [1] ; il n'admettait l'interprétation classique que lorsqu'il y avait constitution de dot pour le tout en avancement de l'hoirie du prémourant. L'autre formule, disait-il, n'indique pas nécessairement que les constituants ont entendu affranchir le survivant de toute participation à la dot ; le terme *imputer* signifie « *compenser jusqu'à due concurrence* » une somme avec une plus forte.

D'ailleurs, prétendait encore Toullier, le survivant ne devait généralement pas trop souffrir de cette interprétation, la part pour laquelle il se trouvait obligé de contribuer à la dot étant d'habitude inférieure à la moitié de celle-ci.

Peut-être Toullier se proposait-il, lorsqu'il distinguait les deux rédactions usitées de la clause d'imputation pure et simple, pour attribuer à l'une d'entre elles des effets aussi étendus, de concilier deux arrêts d'apparence contradictoire rendus, le premier, par la Cour de cassation [2], qui adoptait le système qu'elle n'a jamais cessé d'admettre depuis lors, l'autre, quelques années plus tard, par la Cour de Paris [3], qui attribuait effet à la clause d'imputation seulement à concurrence de la part héréditaire de l'enfant dans la succession du prémourant. Les deux arrêts, disait Toullier, ne se contredisaient nullement, puisqu'ils visaient chacun une rédaction différente et destinée à produire des effets différents. Et plus tard, la Cour de

(1) T. XII, n° 341.
(2) 11 juill. 1814, S. 14. 1. 279.
(3) 11 janv. 1819, S. 19. 2. 35.

Paris consacra la distinction de notre auteur, en décidant[1], à propos d'une constitution de dot imputable en totalité sur la succession du prémourant, que l'emploi de l'expression « *imputation* » montrait bien que l'on avait pensé, non pas au paiement de la somme due, mais à une déduction sur cette somme ; les mots : « imputable en totalité » dérogeraient au droit commun selon lequel les deux constituants eussent été obligés par moitié par la constitution de dot ; loin de mettre le survivant à l'abri de tout recours, de le rendre rétroactivement étranger à la donation, la formule employée l'obligeait, en cas d'insuffisance de la succession du prémourant, à parfaire la dot promise ; pour que ce survivant fût libéré de toute obligation par le seul fait de sa survie, il faudrait une stipulation sinon expresse, du moins suffisamment explicite, comme, par exemple, la clause d'imputation en avancement d'hoirie sur la succession du prémourant : alors, cette succession serait seule obligée.

15. — Cette distinction imaginée par Toullier et la Cour de Paris est purement arbitraire. Jamais les constituants, l'enfant doté ni le notaire rédacteur du contrat de mariage n'y ont songé. Il s'agit, avant tout, de savoir dans quelle proportion l'époux prédécédé a voulu doter l'enfant ; or, il me paraît résulter de l'une et l'autre rédaction de la clause d'imputation qu'il a entendu lui fournir toute la dot et dispenser le survivant d'y contribuer, si peu que ce soit ; la question d'imputation proprement dite ne saurait soulever de discussion, une fois ce point tenu pour acquis. Mais le célèbre annotateur et jurisconsulte Labbé, qui comprenait fort bien l'inanité de la distinction et se refusait à l'admettre[2], qui interprétait de manière identique les deux formes habituelles de la clause d'imputation pure et simple, au lieu de faire disparaître l'obligation du survivant au décès du prémourant, quelle que soit la consistance de la succession de ce dernier, au lieu d'admettre, comme nous

(1) 12 août 1852, J. N. 52. 14. 828.
(2) Note sous Cass., 13 nov. 1882, S. 83. 1. 289 et s., surtout 292. — V. aussi, note sous Cass., S. 73. 1. 201.

l'avons fait, que l'enfant doté devrait seul supporter la diminution de la dot, par suite de l'insuffisance de la succession du prémourant, laissait subsister l'obligation de l'époux survivant pour la partie de sa dot excédant les **droits** héréditaires de l'enfant dans la succession du prémourant. Reprenant en partie le raisonnement de Toullier, Labbé écrivait : « L'imputation suppose la comparaison d'une valeur avec une autre ; elle admet l'excédent possible d'une valeur sûr l'autre ; elle s'arrête, dans ses effets, à la plus faible des valeurs compensées ».

Autrement dit, pour le savant auteur, l'on écrit bien : *imputable en totalité;* mais l'on sous-entend : *jusqu'à due concurrence;* l'on a voulu déroger au rapport de moitié commandé par le droit commun, et, si la succession du prémourant est suffisante, lui faire supporter la charge de la dot tout entière; mais on n'a pas voulu davantage; d'ailleurs, admettre une autre solution, celle de la jurisprudence, c'est rendre variable, incertaine, la consistance de la dot; l'enfant doté ne peut tabler sur un chiffre définitif : tout va dépendre de l'importance de la succession du prédécédé; celui-ci peut se trouver le moins fortuné des deux époux ; l'enfant pâtira de son prédécès et l'équité sera d'autant moins satisfaite que la disproportion sera plus forte avec la situation de fortune du survivant. Si le prémourant a laissé une succession insuffisante ou insolvable, la dot ayant été payée de son vivant, les cohéritiers du donataire vont, par l'effet du rapport, se partager les valeurs données en dot, « tandis que le parent survivant qui a concouru à la constitution de dot, dont la richesse a été prise en considération pour en fixer le montant, conserverait sa fortune entière et intacte ».

16. — Malgré l'autorité qui s'attache aux dissertations de M. Labbé, je ne saurais admettre son interprétation, en présence des termes, à mon avis si clairs, si explicites, des formules employées par les contrats de mariage, auxquelles la Cour de cassation et la majorité des auteurs ont attribué le seul sens qu'elles pouvaient avoir; l'expression : « *imputable en totalité* » se suffit à elle-même ; c'est faire une

hypothèse gratuite que la limiter en sous-entendant : *jusqu'à due concurrence*. Quant aux conséquences, quelquefois désastreuses pour l'enfant, toujours favorables à l'époux survivant, elles sont l'effet de la libre volonté des parties; l'interprète ne saurait y apporter le moindre changement, sous prétexte d'équité. Pour aboutir au résultat souhaité par M. Labbé, les constituants et l'enfant doté n'ont qu'à adopter d'autres formules. Nous verrons bientôt que cela leur est très facile.

17. — Si j'ai insisté aussi longtemps sur la théorie de M. Labbé c'est, outre le renom de son auteur, qu'elle vient d'être reprise par deux jurisconsultes contemporains, sous une forme et avec une portée quelque peu différentes. J'arrive à l'examen de leurs conceptions particulières, à propos desquelles tout ce que j'ai dit jusqu'à présent me permettra d'être bref.

18. — Annotant un arrêt très important et très intéressant, sur lequel je reviendrai longuement, lorsque j'étudierai la clause d'imputation dite subsidiaire, M. Esmein[1] admet que l'effet de la clause d'imputation est le même, qu'elle soit ou non accompagnée de la formule d'imputation sur la succession du prémourant : l'article 1440 du Code civil n'oblige-t-il pas le survivant *à garantir* la dot promise, quelle que soit la manière dont elle est répartie sur les patrimoines respectifs de chacun des constituants? Et allant plus loin que M. Labbé, qui n'oblige jamais le survivant à contribuer pour plus de la moitié de la dot, M. Esmein, si la succession du prémourant est impuissante à fournir á l'enfant doté quoi que ce soit de la dot promise, contraint le survivant à payer la dot tout entière, lorsqu'elle a été constituée solidairement.

Je devrai revenir sur la théorie du savant professeur, à propos de la clause d'imputation subsidiaire; qu'il me suffise, pour le moment, d'observer qu'on peut lui adresser les mêmes objections qu'aux doctrines de Toullier et Labbé; toutes attribuent un sens identique à des termes qui, cepen-

---

(1) Note sous Cass., S. 1900. 1. 81 et suiv. et surtout 83.

dant, me paraissent commander des solutions tout à fait différentes : *dot imputable en totalité* et *dot imputable jusqu'à due concurrence*. La première formule montre, à mon sens, que, par l'effet de sa survie, le survivant se trouvera complètement libéré, puisque, grâce à la condition suspensive dont j'ai parlé, le défunt sera censé rétroactivement seul donateur, la dot ne pouvant dès lors n'être rapportable qu'à sa seule succession. Pourquoi donc trouver injuste et refuser d'admettre que les parties aient, avant tout, désiré sauvegarder les intérêts de l'époux survivant? Elles y tiennent d'autant plus qu'elles continuent à employer les formules auxquelles, avec la jurisprudence et bon nombre d'auteurs [1], j'attache le sens le plus favorable à l'époux survivant, les formules dites clauses d'imputation pure et simple, et cela, en parfaite connaissance de clause, puisqu'elles savent bien quel sens les tribunaux leur attribueront. C'est que la clause d'imputation pure et simple correspond à un besoin réel, les parties poussant quelquefois la précaution jusqu'à écrire « que la dot sera imputée entièrement par l'enfant sur la succession du prémourant; *qu'en conséquence le prémourant sera censé avoir doté seul l'enfant donataire* ». La Cour de Rouen, à laquelle cette rédaction fut soumise, aurait-elle pu la dénaturer jusqu'à faire peser une obligation de garantie sur le survivant [2]?

19. — Si M. Esmein s'est montré nettement hostile à l'opinion jurisprudentielle et doctrinale, M. Planiol a tenté une œuvre conciliatrice; il a proposé un système intermédiaire entre les deux conceptions opposées [3]; il adopte l'opinion traditionnelle lorsque la dot a été payée du vivant des époux constituants : l'enfant en devra le rapport intégral à la succession du prémourant; au cas où il serait dépouillé d'une partie de cette dot, il n'aura aucun recours contre le survivant.

_____

(1) Aubry et Rau, t. II, § 500; Guillouard, t. I, 176; Rodière et Pont, t. I, n° 107; Défrénois, t. III, n° 5114; Vigié, *Rev. crit.*, 1901, p. 203; Trib. de Niort, 13 juillet 1899, *Rev. crit.*, 1901, p. 184; Cass., 2 mai 1899, S. 1900. 1. 25; Rouen, 10 janv. 1903, S. 1905. 2. 81.

(2) Rouen, précité.

(3) *Op. cit.*, t. III, n° 882.

Mais M. Planiol considère que la clause n'est écrite qu'en
vue de régler le rapport de la dot ; par conséquent, dit-il,
elle ne saurait avoir de valeur ni d'effet, si la dot n'a pas
été effectivement payée à l'enfant : sinon, on outrepasse-
rait la volonté des parties ; donc, lorsque la dot est encore
due lors du premier décès, le survivant n'est nullement
libéré ; et la jurisprudence, ajoute le savant civiliste, ne
contredit pas cette manière de voir, parce que les arrêts,
tous relatifs à l'hypothèse où la dot a été effectivement versée, ne règlent que des questions de rapport et de récompense.

Pourquoi attribuer ainsi à la clause d'imputation pure
et simple deux sens absolument différents, à raison d'une
circonstance de fait, indépendante de la rédaction du contrat de mariage ? Quels que soient les événements ultérieurs,
il n'en reste pas moins vrai que les parties ont eu surtout
l'intention de libérer l'époux survivant de toute contribu-
tion.à la dot ; le rapport intégral de celle-ci à la succession
du prémourant est l'effet de la double condition suspensive
et résolutoire et de l'article 850. Le survivant devient
rétroactivement étranger à la constitution de dot ; il ne
saurait donc être tenu d'en payer la moindre parcelle.
Quant à la jurisprudence, un arrêt de la Cour de la
Réunion, du 31 mars 1871 [1], approuvé par la Cour de la
cassation, a admis la doctrine traditionnelle dans une espèce
où, sur trois dots promises, une seule avait fait l'objet d'un
paiement intégral ; l'arrêt a proclamé combien était formel
le sens de cette clause qui déclare la dot imputable en
totalité sur la succession du prémourant des père et mère ;
les enfants ne sont pas fondés, « en présence d'une stipulation proclamant aussi énergiquement, dit la Cour, la
volonté des parties contractantes, à prétendre que la veuve
est tenue de suppléer à l'insuffisance de la succession de
son mari, pour les remplir du solde restant dû sur les
dots qui leur ont été respectivement constituées ».

20. — En définitive, tous les auteurs qui, depuis Toul-

____

[1] Sous Cass., S. 1872. 1. 201.

lier, ont combattu la doctrine traditionnelle, ne se sont inquiétés que de l'intérêt de l'enfant doté : ils aboutissent, en réalité, à faire produire à la clause d'imputation pure et simple les effets des clauses d'imputation dite subsidiaire. Ce qui aurait pour résultat de rendre inutile l'emploi de ces dernières. Je persiste à croire que si la clause d'imputation est conçue dans les termes que j'ai cités et qui sont d'un usage des plus courants, la succession du prémourant devra supporter toute la charge de la dot et indemniser tant la communauté que le survivant des avances qu'ils ont pu faire. C'est ainsi que j'arrive aux effets de la clause d'imputation pure et simple quant aux rapports des constituants entre eux et avec la communauté.

B. *Rapports des constituants entre eux et avec la communauté.* —21. — On peut se trouver en présence de l'une des trois hypothèses suivantes : la dot a été fournie, pour le tout, en biens propres au prémourant; — elle a été fournie, pour le tout, en biens propres au survivant; — elle a été fournie, pour le tout, par la communauté.

1° Si le prémourant avait payé la dot de ses biens personnels, rien de plus simple : il n'est besoin d'aucun compte, puisque ce prémourant, rétroactivement seul donateur, se trouve n'avoir payé que son dû.

2° Lorsqu'au contraire, c'est le survivant qui a fourni toute la dot, il a payé une dette d'autrui, puisque le paiement de la dot constituait une charge incombant personnellement au prémourant et nullement à la communauté. Aussi, le survivant va-t-il se trouver, de ce chef, créancier de la succession du prémourant; il est, suivant la juste observation de Pothier [1], dans la situation d'un mandataire qui, de ses deniers personnels, a fait l'affaire du mandant; il a donc, comme tout mandataire, l'action *mandati contraria*, pour obtenir son remboursement; elle est simplement une action personnelle ordinaire. C'est pourquoi, il ne saurait être question que de récompense d'époux à époux et non de la communauté à époux. Il suit de là que

____

(1) *Traité de la communauté*, n° 652.

le survivant ne serait pas admis à prélever le montant de
sa créance sur l'actif commun ; il est un simple créancier
chirographaire du prémourant ; lorsqu'il aura été procédé
au partage des biens dépendant de la communauté, le survivant exercera, concurremment avec les autres créanciers,
les droits résultant de sa créance sur l'ensemble des biens
appartenant au prémourant, c'est-à-dire sur les biens personnels de ce dernier et sa part dans la communauté. Il
n'y aurait à cette règle qu'une exception en faveur de la
femme survivante qui, grâce à son hypothèque légale,
pourrait être colloquée sur les immeubles de son mari
prédécédé lui provenant de la communauté ou lui appartenant en propre ; sa créance prendrait rang au jour du
paiement de la dot, qu'il soit le même que celui de sa constitution ou qu'il soit postérieur. Ces diverses solutions, qui
me paraissent incontestables, ne sont que l'application des
principes généraux exprimés par les articles 1470, 1471,
1478 et 2135, § 2 du Code civil.

Il faut remarquer que le § 3 de l'article 1251 pourra
également trouver ici son application : par l'effet de la ré-
troactivité le dégageant personnellement, le survivant se
trouve avoir payé la dette d'autrui, de son conjoint prédécédé ; il aura droit au bénéfice de la subrogation légale,
pour la moitié de la dot, si celle-ci avait fait l'objet d'une
constitution conjointe, pour la totalité, en cas de constitution solidaire ; double mesure dans laquelle il avait intérêt
à acquitter la dette, ou pouvait être tenu de le faire.

Quant au montant de l'indemnité que le survivant est
en droit de réclamer, il est de la valeur des propres fournis
par lui au jour du paiement ; peu importe qu'ils n'aient pas
la même valeur au jour du décès du conjoint ; il faut, en
effet, considérer la valeur des biens au moment où naît le
droit à la récompense. Rien de tout cela ne saurait offrir
de difficulté théorique. Il me suffit de signaler rapidement
au passage ces divers points.

3° Le cas où la dot a été ainsi payée par le survivant est
assurément moins fréquent dans la pratique que celui où
c'est à l'aide de biens communs que le chef de la commu-

nauté aura acquitté le montant de cette dot. Vu l'incertitude de la détermination définitive du donateur, puisque l'on ignore, au moment du paiement, lequel des constituants viendra à décéder le premier, c'est bien ce procédé qui paraît le plus normal : la communauté fait une avance à celui des deux époux qui mourra le premier, elle en sera remboursée par la succession de ce prémourant, devenu, par son prédécès, débiteur personnel et unique de la dot. Aussi, cette succession devra-t-elle récompense à la communauté d'une valeur égale à celle des sommes ou des biens fournis par cette dernière pour parfaire, au moment où elle fut payée, la dot de l'enfant. Il y aura lieu à rapport, par la succession à la communauté, des valeurs dont la première se trouve débitrice envers celle-ci. Pratiquement, si la communauté renferme des biens suffisants, le survivant n'aura qu'à prélever, avant partage, somme égale à celle versée par la communauté. C'est, évidemment, le procédé le plus simple. Mais si la communauté est insuffisante, on ne pourra l'utiliser ; l'époux survivant n'aura qu'à exercer sur les propres du prémourant le recours auquel il a droit.

22. — J'en aurai terminé avec l'étude des effets de la clause d'imputation pure et simple, lorsque j'aurai ajouté quelques mots à propos d'un cas qui ne s'est jamais présenté en pratique, du moins à ma connaissance, mais duquel on a voulu cependant tirer argument contre la théorie de la jurisprudence ; son étude se rattache à celle des rapports des constituants entre eux et avec la communauté. Il peut arriver que la succession du premier mourant soit insolvable, la dot ayant été payée par le survivant ou la communauté ; le survivant se trouve alors créancier de totalité ou de moitié de la dot ; il aura un recours sur les biens personnels des héritiers du prémourant, lorsque ceux-ci, ayant accepté sa succession purement et simplement, se trouveront ainsi tenu *ultra vires* des dettes héréditaires. Parmi ces héritiers va naturellement se trouver le bénéficiaire de la constitution de dot, dont le paiement est la cause du recours. Jusqu'ici, pas de difficultés ; elles appa-

raîtront lorsque, par suite d'une renonciation grâce à laquelle l'enfant doté retient la libéralité faite par le défunt dans les limites de la quotité disponible, le survivant est dans l'impossibilité de recouvrer tout ou partie de l'avance que lui-même ou la communauté se trouvent avoir faite au prémourant.

Faut-il, comme on l'a proposé, accorder au survivant un recours contre le donataire et faire retomber, en fin de compte, sur ce dernier l'insolvabilité de la succession? Il n'est pas douteux que le survivant devrait se trouver libéré par l'arrivée de la condition résolutoire qui a rétroactivement anéanti son obligation; il a payé ce qu'il ne devait pas, en avançant à l'enfant une partie ou l'intégralité de sa dot; conformément à l'article 1377 du Code civil, il faut lui reconnaître une action en répétition de l'indû [1]. C'est à cette conséquence inique, affirment MM. Labbé, Esmein et Planiol [2], que sont conduits les partisans du système de la jurisprudence, au nombre desquels je me suis rangé.

Est-elle, d'abord, aussi inique qu'on l'a prétendu? Il ne faut pas oublier que si l'enfant doté est évincé de sa dot par suite de ce recours, il n'en devra plus le rapport. Puis, cette conséquence demeurerait en harmonie avec l'esprit qui a inspiré la rédaction du contrat de mariage : sauvegarde essentielle des intérêts du survivant. Il ne faudrait donc pas hésiter à pousser la logique jusqu'à son admission.

Mais il n'est pas certain que le survivant puisse invoquer l'article 1377 et prétendre à la répétition de l'indû. Comme l'a justement observé M. Guillouard, il n'y a pas eu erreur sur la chose due [3] : or, c'est une condition nécessaire à l'exercice de l'action de l'article 1377. En effet, l'époux qui a payé la dot de ses biens propres n'ignorait pas que si son conjoint venait à décéder avant lui, lui-même se trouverait rétroactivement libéré de sa promesse, tandis que son

(1) Garnier, *Répert. génér. de l'enreg.*, v° *Dot*, n° 27; Marcadé, sous les articles 1438 et 1439, § 3.
(2) V. leurs dissertations et ouvrages précités.
(3) *Op. cit.*, t. I, 149.

propre décès survenant le premier rendrait sa succession débitrice de toute la dot. C'est volontairement et en connaissance de cause que chacun des époux a accepté cette éventualité, s'est soumis à cet aléa. Or, si celui qui, de ses deniers personnels, a fait l'avance de la dot, se trouve survivre à son conjoint, c'est, en réalité, la dette de celui-ci qu'il se trouve avoir payée sciemment : opération parfaitement normale, qui exclut toute idée d'un paiement de l'indû (art. 1236). Il ne saurait donc y avoir lieu à répétition.

Cela est tellement évident que jamais aucune difficulté de ce genre n'a été soumise aux tribunaux ; ce qui montre à merveille que jamais conjoint survivant n'a eu l'idée de se retourner contre son enfant, en cas d'insolvabilité de la succession du prémourant, à laquelle cet enfant aurait renoncé, les praticiens consultés sur les chances de succès d'un tel recours n'ayant pas de peine à en montrer l'inanité.

C'est donc, en cas de clause d'imputation pure et simple, la seule hypothèse où le survivant puisse, par la force des choses, être obligé d'acquitter tout ou partie de la dot. Il est fort probable qu'elle se réalisera très rarement : la plupart du temps, l'insolvabilité du prémourant devra retomber sur l'enfant doté. Aucune considération d'équité ne peut empêcher cette conséquence, manifestement voulue par les parties. Il faut, pour l'écarter, faire usage de la clause d'imputation subsidiaire. Je vais rechercher maintenant à quels résultats va nous conduire son emploi.

II

23. — Ils ne sont, certes, pas faciles à déterminer, encore qu'à l'heure actuelle, cette clause soit d'un usage beaucoup plus courant que la clause d'imputation pure et simple.

Les notaires, espérant traduire clairement les intentions des parties et éviter toute ambiguïté, écrivent très souvent, dans les contrats de mariage, que « *la dot sera imputable sur la succession du prémourant et subsidiairement, s'il y a lieu, sur celle du survivant* [1] », ou bien que « *la dot sera imputable jusqu'à due concurrence sur la succession du pré-mourant* », ou encore « *la présente dot sera rapportable à la succession du prémourant et, subsidiairement, à celle du survivant* [2] ». Ces formules semblent suffire à garantir l'enfant doté contre toute éviction, à assurer l'irréducti-bilité de la dot. Et pourtant, la volonté des parties contrac-tantes a été, comme on va le voir, souvent méconnue en jurisprudence. Aussi rechercherai-je s'il ne conviendrait pas, pour éviter toute équivoque et toute surprise, de modifier la rédaction de la clause. Mais je ne veux point dire par là que les formules que je viens de rapporter ne sont pas suffisamment explicites ; c'est que, dans la pra-tique, mieux vaut par avance éviter une interprétation erronée.

24. — La clause dont nous nous occupons, si tant est que les notaires l'aient insérée auparavant dans leurs actes, paraît inconnue de nos tribunaux avant le milieu du siècle dernier. Le premier exemple que nous en donne la juris-prudence se trouve dans un arrêt de la Cour de Paris du 16 mars 1850 [3], selon lequel la dot demeurait rapportable pour le tout à la succession du prémourant, mais avec recours, en cas d'éviction partielle, contre le survivant, tenu de garantir l'irréductibilité de la dot. Ce système a été consacré par la Cour de cassation, aux termes d'un arrêt du 2 mai 1899 [4], qui a affirmé, de nouveau, l'obli-gation au rapport intégral, par l'enfant doté, à la succes-sion du prémourant de ses auteurs, en ajoutant que l'époux survivant, réputé donateur pour ce qui excédait l'émolu-ment recueilli par le donataire dans cette succession, était tenu, à titre de garant, de rembourser à l'enfant tout ce que celui-ci avait dû réellement rapporter à ses cohé-ritiers.

---

(1) Formule indiquée par Defrénois, *Traité des liquid.*, t. II, éd. 1903, nº 5156.

(2) Vigié, *Rev. crit.*, 1900, p. 205.

(3) S. 50. 2. 321, D. 50. 2. 167.

(4) S. 1900. 1. 81.

C'est ce qu'avaient refusé d'admettre le tribunal de la Seine et, sur appel, la Cour de Paris [1], qui, successivement, avaient refusé tout recours à l'enfant doté et évincé de sa dot, contre le survivant, autrement que sur sa succession. Le tribunal et la Cour avaient commencé par dire que la dot s'imputerait entièrement sur la succession du prémourant, quoiqu'elle fût supérieure au montant des droits de l'enfant doté dans cette succession. L'affaire, renvoyée devant la Cour d'Orléans, fut résolue dans un sens conforme à celui adopté par la Cour suprême [2]. Depuis lors, la Cour de Paris s'est ralliée à la même thèse, aux termes d'un arrêt du 14 mai 1903 [3], contre lequel un pourvoi a été admis par la Chambre des requêtes [4]. Je ne crois pas que la Chambre civile se soit encore prononcée ; mais je forme le souhait très vif que le pourvoi soit admis et l'arrêt de la Cour de Paris réformé, car la solution n'en est qu'en partie exacte et mérite les critiques encourues de la part de très savants jurisconsultes. Aussi bien, un arrêt plus récent de la Cour de Paris, rendu le 20 mars 1907 [5], paraît, au moins à ce point de vue, avoir apporté la solution exacte, celle que la pratique demandait depuis de longues années et que plusieurs tribunaux de première instance admettaient déjà depuis un demi-siècle [6] : *il faut regarder le prémourant comme donateur de la part héréditaire que l'enfant recueille dans sa succession; le survivant demeure donateur du surplus; c'est sur cette part héréditaire qu'il y a lieu de régler les deux questions de rapport et de récompense.*

25. — C'est là l'effet logique de la clause d'imputation subsidiaire, l'interprétation exacte de la volonté des parties, dont le but primordial fut ici d'assurer à l'enfant l'ir-

---

(1) Arrêt du 12 juin 1896, sous Cass., précité.
(2) Orléans, 28 mars 1900, S. 1900. 2. 168, D. 1902. 2. 101.
(3) *Rev. du not.*, 1904, 11741.
(4) 28 décembre 1904, *Le Droit*, 7 janvier 1905.
(5) S. 1908. 2. 1.
(6) Trib. d'Arcis-sur-Aube, 22 août 1852, *Rev. du not.*, 1865, 1116; Trib. de la Seine, 13 août 1874, *id.*, 1874, 4791; Trib. de Niort, 13 juill. 1899, cité par M. Vigié, *Rev. crit.*, 1901, 184.

réductibilité de sa dot ; la condition résolutoire affectant
l'obligation des constituants ne porte plus sur l'existence
même de cette obligation : elle en concerne le quantum.
Cette condition ne se réalise que jusqu'à concurrence des
droits de l'enfant doté dans la succession du prémourant
de ses donateurs ; si ces droits sont inférieurs à la dot reçue,
les deux constituants vont demeurer donateurs : le prémourant, pour une somme égale aux droits de l'enfant
doté dans sa succession, le survivant, pour la portion de
dot qui excède cet émolument. C'est dans ces limites que
le survivant reste donateur de la dot en avancement d'hoirie ; en cette qualité, il est tenu de toutes les obligations
que lui impose la loi.

26. — Jusqu'à présent, la Cour de cassation et la Cour
de Paris sont d'accord ; mais il n'en est plus de même,
lorsqu'il s'agit de tirer les conséquences de ces principes ;
je discuterai tout à l'heure; voici, auparavant, celles qu'il
comporte, à mon avis : si le prémourant des constituants
n'est réputé donateur qu'à concurrence de l'émolument
retiré de sa succession par l'enfant doté, il ne faut pas,
comme le fait la Cour de cassation, obliger l'enfant à rapporter sa dot tout entière à cette succession, puisqu'une
partie en est réputée constituée par l'époux survivant. En
effet, il est impossible de concevoir que l'on soit obligé de
rapporter une somme donnée à une succession autre que
celle du donateur; seule, la part héréditaire de l'enfant
peut déterminer l'imputation à effectuer : la question de
rapport sera nécessairement une conséquence de cette
imputation. Dire qu'une fraction de la dot est imputable
sur la succession d'une personne, c'est incontestablement
affirmer que cette personne en est seule donatrice. Or, en
présence de la clause d'imputation subsidiaire, dans quelle
proportion le père et la mère ont-ils entendu constituer la
dot ? dans des proportions telles que l'irréductibilité de
cette dot soit assurée à l'enfant, jusqu'au décès du survivant,
mais, toutefois, de manière à sauvegarder le plus possible
les intérêts de ce survivant. Il est aisé de montrer que le
système admis par la Cour de cassation en 1899, loin

d'assurer l'irréductibilité de la dot, fait courir au survivant le risque de payer plus d'une fois cette dot. Ce qui doit suffire à le condamner.

27. — Reprenons ces deux observations.

D'abord, la Cour de cassation oblige l'enfant à rapporter réellement sa dot, même pour toute la portion qui excède sa part héréditaire ; elle lui donne bien un recours contre le survivant et un recours à exercer immédiatement, au cours des opérations de liquidation et de partage de la communauté ayant existé entre ce survivant et son conjoint décédé, et de la succession de ce dernier ; la Cour suprême dit bien que le survivant ne pourra rien recevoir, tant que l'enfant doté n'aura pas été indemnisé de la perte que lui fait subir l'obligation au rapport intégral ; elle conseille de prélever sur la part de cet époux une somme qui sera affectée aux cohéritiers de l'enfant, afin de dispenser ce dernier d'un rapport effectif ; mais encore faut-il que ce prélèvement soit possible ; il se peut fort bien que l'époux survivant n'ait pas de reprises à exercer, ou bien qu'il renonce à la communauté, s'il s'agit de la femme, ou bien que la communauté soit en déficit, ou encore que la part de la communauté ou les reprises du survivant soient inférieures à la somme rapportée : dans ces diverses hypothèses, d'une réalisation pratique très fréquente, il sera impossible de procéder au prélèvement nécessaire, faute de biens sur lesquels il puisse être exercé. Alors, l'enfant doté devra, inévitablement, recourir à l'action en indemnité contre le survivant ; rien ne prouve qu'elle va lui permettre de recouvrer la somme qu'il a dû rapporter [1].

J'ai ajouté que le système de la Cour de cassation courrait un autre risque que celui de léser gravement les intérêts de l'enfant doté ; en effet, les circonstances pourront être telles qu'à lui seul, le survivant sera mis dans l'obligation de payer plus que toute la dot ; on peut supposer, par exemple, qu'il l'a intégralement fournie, à l'aide de biens lui appartenant en propre, tandis que la succession

____

[1] Cpr. Maréchal, *Rev. du not.*, 1900, n° 10586.

du prémourant est insolvable; même alors, selon la Cour
de cassation, l'enfant doté devra rapporter sa dot tout entière à la succession du prémourant et la partager avec ses
cohéritiers. Le survivant sera bien muni, contre la succession, d'une action en indemnité, pour se faire rembourser
la portion de dot qu'il a dû fournir; mais il peut se heurter
à l'insolvabilité d'une succession acceptée, naturellement,
sous bénéfice d'inventaire. Et si, par suite de cette insolvabilité et du rapport auquel il a été contraint, l'enfant doté
est évincé d'une partie de sa dot, voilà qu'il va lui être
permis de se retourner contre le survivant, de l'appeler en
garantie (1) !

Ainsi, l'on est nécessairement conduit à cette conséquence bizarre que la clause d'imputation, qui avait pour
but de dispenser, le plus possible, le survivant des époux
de contribuer à la dot, va lui rendre, au contraire, la contribution beaucoup plus onéreuse que s'il se fût trouvé
seul à doter l'enfant commun.

28. — J'ai voulu montrer jusqu'ici, d'une part, l'exactitude du principe posé par la Cour de cassation, de l'autre
l'illogisme des conséquences qu'elle en tire. Je me trouve
avoir exposé en même temps et justifié d'avance le système
de la Cour de Paris, adopté par cette dernière en 1907; je
crois fermement que, seul, il est d'accord avec les principes juridiques et l'intention des parties; il déduit, de
règles dont l'exactitude n'est pas contestable, les conséquences que la loi même en fait découler.

Le prémourant est réputé donateur à concurrence de la
part que l'enfant doté recueille dans sa succession ; si cette
part se trouve inférieure à la dot reçue, le survivant va de-
venir donateur du surplus. Il suit de là qu'aux termes de
l'article 850 du Code civil, l'enfant doté devra le rapport
de sa dot aux successions des constituants, pour les frac-
tions dont ceux-ci sont respectivement donateurs; les constituants se devront récompense entre eux et devront également récompenser la communauté, en sorte qu'ils contri-

____

(1) V. en ce sens, Henry, *Rev. crit.*, 1901, p. 181.

bueront définitivement, de leurs deniers personnels, à la fraction de dot qui doit être à leur charge.

L'enfant doté devra à la succession du prémourant le rapport d'une fraction de dot égale à sa part héréditaire dans cette succession; cette fraction, il la rapportera en moins prenant, car la clause d'imputation subsidiaire est équivalente à une dispense de rapport en nature : l'irréductibilité de la dot sera donc effectivement assurée, jusqu'au décès du survivant des constituants.

La succession du prémourant est-elle insolvable? Les droits de l'enfant sont réduits à zéro; le prémourant est, dès lors, censé n'avoir pas été donateur; aucun rapport n'est dû, par conséquent, à sa succession.

29. — On a prétendu le contraire, en combattant d'ailleurs d'une façon générale le système admis en 1907 par la Cour de Paris; il est à remarquer que ses adversaires sont les savants auteurs qui s'efforçaient de faire produire à la clause d'imputation pure et simple des effets très différents de ceux que j'ai proposé d'admettre, d'accord avec la jurisprudence, et d'ailleurs, beaucoup plus étendus. M. Labbé [1] et M. Esmein [2] proposent, en effet, d'attacher à la clause d'imputation subsidiaire des conséquences sensiblement différentes de celles que je viens de lui attribuer; il me faut dire maintenant pourquoi j'estime préférable de m'en tenir au dernier arrêt de la Cour de Paris, et, dès lors, pourquoi je n'accepte pas de me rallier aux doctrines des jurisconsultes que je viens de citer ou aux conceptions des arrêts de la Cour de Paris (1896) et de la Cour de cassation (1899).

L'arrêt de 1896 est vivement critiqué par M. Esmein dans sa dissertation parue au Sirey [3], comme il le fut, dès sa prononciation, par la chambre des notaires de Paris; je rappelle qu'outre l'obligation de rapporter l'intégralité de la dot à la succession du prémourant — ce n'est pas sur ce point, soit dit en passant, que portent les critiques de

(1) Note, S. 83. 1. 291.
(2) Notes, S. 1900. 1. 81 et 1908. 2. 1.
(3) Précité, 1901. 1. 81.

M. Esmein — la Cour de Paris, au cas où cette succession n'était pas suffisante pour permettre à l'enfant de récupérer la dot qu'il avait dû rapporter, n'accordait à cet enfant aucun recours contre le survivant, tant que ce dernier était en vie, sous prétexte que, conformément à l'article 1162 du Code civil, il fallait interpréter la clause, point suffisamment explicite, en faveur de celui qui avait contracté l'obligation.

C'était bien faire produire à cette clause les effets que j'ai attribués à la clause d'imputation pure et simple et c'est ce que M. Esmein refusait, avec raison, d'admettre, lui qui, au contraire, attache plutôt à la clause d'imputation pure et simple une grande partie des conséquences que je réserve à la clause d'imputation subsidiaire.

Cette ancienne interprétation de la Cour de Paris, M. Esmein la qualifiait, à bon droit, de judaïque; la Cour, observant que le contrat de mariage portait que la dot serait « imputable subsidiairement sur la succession du survivant », n'attachait aucune importance à l'idée d'*imputation* pour s'en tenir par trop strictement à celle de *succession* et méconnaissait ainsi totalement l'intention des parties; selon la note fournie, à l'appui du pourvoi en cassation formé contre cet arrêt, par la chambre des notaires de Paris, les parties avaient voulu surtout, par l'imputation subsidiaire, assurer à l'enfant l'irréductibilité de sa dot; elles avaient sacrifié à son intérêt celui du survivant des époux. La Cour de Paris a d'ailleurs fini par le comprendre elle-même, puisque, aux termes de l'arrêt de 1907, qui est, celui-là, tout à fait digne d'approbation, elle a déclaré : « La substitution, dans la pratique notariale, de la clause d'imputation subsidiaire à la clause d'imputation intégrale, a précisément eu pour objet de corriger ce que cette dernière avait de rigoureux pour l'enfant doté; le but cherché ne peut être atteint sans exposer le survivant à un risque correspondant à l'avantage concédé à l'enfant ». A cette rigueur, l'arrêt de 1896 ne portait qu'un remède illusoire; l'enfant se trouvait souvent contraint d'attendre le décès du survivant pour récupérer toute la dot promise; ce décès

pouvait même ne lui permettre d'obtenir ce résultat qu'en
apparence, puisqu'il était obligé de rapporter à la succession du survivant la valeur à laquelle il avait droit à titre
de garantie de sa dot, laquelle se confondait ainsi complètement avec sa part héréditaire. A quoi avait bien pu servir
la constitution de dot?

30. — La Cour de cassation avait elle-même tenu compte
de ces critiques en cassant l'arrêt de la Cour de Paris de
1896; mais si elle a rejeté l'un des principes erronés posés
par cette dernière, la Cour suprême a admis l'autre, dont
l'inexactitude est tout aussi certaine, et c'est sur ce point
qu'elle se trouve, ainsi que MM. Labbé et Esmein, en
désaccord formel avec l'arrêt de 1907 : en effet, la Cour suprême et ces auteurs exigent que l'intégralité de la dot
soit rapportée à la succession du prémourant; il me reste,
dès lors, à exposer pourquoi cette interprétation n'est en
harmonie ni avec des principes juridiques certains, ni avec
l'intention des parties.

C'est en accordant à l'enfant, privé d'une partie de sa
dot par suite du rapport intégral, une action en garantie,
basée sur l'article 1440 du Code civil, contre l'époux survivant, que l'on prétend l'indemniser de la perte résultant
éventuellement de ce rapport; puis, la Cour de cassation
l'oblige ensuite à un second rapport de cette somme, reçue
en garantie, à la succession du survivant, de sorte qu'en définitive, on aboutit à cet étrange résultat, à savoir que la
dot, intégralement rapportée une première fois à la succession du prémourant, va faire l'objet d'un second rapport
partiel à la succession du survivant.

L'existence de cette action en garantie me semble des
plus contestables; pour qu'il y ait eu lieu à action en garantie, il faut d'abord qu'il y ait eu une éviction; où donc ici se
trouve l'éviction? C'est se méprendre que lui assimiler le
rapport auquel est astreint l'enfant doté, conformément à
des règles bien connues, dont il devait prévoir l'application. En réalité, la question de garantie n'a rien à faire
dans cette matière. M. Esmein, qui adopte la conception
de la Cour de cassation lorsqu'il combat l'arrêt de 1907,

s'est bien gardé de faire appel à une idée de garantie ; c'est
ailleurs qu'il va chercher la justification de sa doctrine :
le père étant décédé le premier, si l'enfant se trouve
privé, par suite du rapport à la succession paternelle, de
toute la dot, ou d'une partie de cette dernière, il n'est plus
possible de l'imputer en entier sur la succession du prémourant ; c'est alors que, grâce à la clause d'imputation
subsidiaire, l'enfant va se retourner contre sa mère.

« C'est justement, dit M. Esmein, la première opération,
le rapport à la succession du prémourant, qui fixe et déter-
mine si la mère survivante est considérée comme ayant
participé à la constitution de dot et pour quelle part ; c'est
alors que se réalise la condition qui rend son obligation
définitive ». Mais alors, par suite de ce recours contre le
survivant, l'enfant sera tenu d'un nouveau rapport à la
succession de ce dernier ; j'ai observé combien cela pouvait
sembler surprenant. M. Esmein reconnaît qu'en effet, il y
a lieu d'en être surpris, du moins à première vue ; mais
en y regardant de plus près, on comprend pourquoi il en
est ainsi : le rapport, d'une part, l'imputation de la dot d'a-
près la clause visée, d'autre part, ne sont nullement choses
identiques ; on doit le rapport de tout ce qui a été donné ;
tandis que l'imputation de la dot s'applique seulement
à la part conservée par l'enfant doté dans la succession du
parent donateur, « la même somme est rapportée deux fois,
parce qu'elle a été donnée deux fois ». Telle est la thèse ;
elle consiste, en un mot, à faire déterminer l'imputation
sur la succession du prémourant par la part héréditaire que
recueille l'enfant après avoir rapporté à cette succession
toute sa dot, imputation et rapport pouvant fort bien, lorsque la succession du prémourant est insuffisante, ne pas
être d'égale valeur, puisque toute la dot doit être rapportée, tandis qu'il y a lieu d'imputer seulement sur la succession du prémourant la part de cette succession attribuée
à l'enfant.

31. — C'est là qu'à mon sens, me paraît être le point
faible du système ; en effet, qui est-ce qui, d'après les principes généraux, doit déterminer l'imputation ? C'est, ex-

clusivement, la part héréditaire de l'enfant dans la succession ; ensuite, mais ensuite seulement, on pourra songer à poser et à résoudre la question de rapport : celui-ci ne peut être qu'une conséquence de l'imputation ; il y a, nécessairement, une parfaite concordance entre ces deux parties de la dot, dont l'une est l'objet d'une imputation, l'autre d'un rapport ; il y a même plus que concordance ; c'est identité qu'il faut dire ; l'enfant doit exactement le rapport de la fraction de dot imputable sur la succession du prémourant, puisque c'est seulement de cette fraction que celui-ci se trouve être donateur. Solution si simple, si claire, si logique, que l'on se demande comment on peut hésiter à l'admettre.

M. Esmein lui-même n'en a-t-il pas senti la nécessité, lorsqu'il a écrit, en commentant l'arrêt rendu par la Cour de cassation en 1899 : « Ne serait-il pas plus simple, plus conforme à la nature de la constitution, d'admettre que la dot ne sera imputable sur la succession du premier mourant que *jusqu'à concurrence de la part qui revient à l'enfant doté dans cette succession?* » [1]. Pourquoi l'éminent maître a-t-il cru devoir plus tard, alors que ses conseils étaient enfin suivis par la Cour de Paris, critiquer l'arrêt qui en avait si bien tenu compte, pour revenir à l'étrange système adopté jusqu'alors par une partie de la jurisprudence ?

32. — Si M. Esmein combat d'une manière générale la solution donnée par l'arrêt de 1907, il se déclare également, de même que M. Labbé [2], l'adversaire des conséquences qui, logiquement, en découlent ; en cas d'insolvabilité de la succession du prémourant, ai-je dit, l'enfant doté, qui ne retire rien de cette succession, n'a davantage aucun rapport à y effectuer ; d'où il suit que le prémourant ne peut être réputé donateur d'une portion quelconque de la dot ; or ces deux jurisconsultes estiment que si la dot a été constituée conjointement par le père

(1) S. 1900. 1. 84, col. 3.
(2) S. 83. 1. 291.

et la mère, l'enfant devra à la succession du prémourant
le rapport d'une fraction de la dot au moins égale à la
moitié, alors que ses droits héréditaires seraient inférieurs
à cette moitié ; cette solution serait commandée par l'article 1438 qui est l'expression du droit commun.

Du droit commun, en effet; ce qui revient à dire qu'elle
doit être repoussée, si, en fait, les parties ont voulu en
adopter une différente; il n'y a là qu'une présomption légale, à laquelle les constituants sont toujours libres de déroger. Ne l'ont-ils pas précisément fait, par l'adoption de la
clause d'imputation subsidiaire? En sa présence, le hasard
seul peut faire que les deux époux soient, chacun pour moitié, donateurs de la dot, c'est-à-dire dans des proportions
égales ; s'ils avaient adopté la clause d'imputation pure et
simple, c'est qu'ils auraient désiré que le prémourant fût
seul donateur; ils ont choisi une rédaction grâce à laquelle
le survivant sera donateur de tout ce que la succession du
prémourant ne pourra fournir, quelle qu'en soit la proportion (1).

Il est bien une hypothèse dans laquelle M. Esmein
adopte l'interprétation de l'arrêt de 1907 : c'est celle où la
dot a été l'objet d'une constitution solidaire de la part des
père et mère des futurs époux; mais pourquoi restreindre
à ce cas particulier une excellente solution? On n'en aperçoit nullement la nécessité. Quand la solidarité doit-elle
produire ses effets? Évidemment, du vivant des constituants de la dot; au décès du prémourant, il ne peut plus
en être question; par le jeu de la clause d'imputation, il
n'existe plus alors qu'un seul donateur de l'intégralité de
la dot, ou bien deux donateurs dans des proportions à déterminer, sans que l'on ait à considérer si la dot a été constituée conjointement ou solidairement; cette dernière circonstance n'importe nullement, on n'en saurait tirer aucune conséquence en ce qui concerne le règlement à
intervenir.

33. — En définitive, il faut reconnaître que la Cour de

____

(1) Cpr. Henry, *loc. cit.*, p. 183; Paris, 20 mars 1907, précité.

cassation s'est seulement rapprochée de la vérité, qu'a bien su découvrir la Cour de Paris, après quelques tribunaux de première instance. C'est, dit-on, faire preuve d'une singulière méconnaissance des intérêts de l'époux survivant et des enfants non dotés, alors que le système de la Cour de cassation offrait l'avantage de rétablir, dès le décès du premier mourant des époux, l'égalité entre tous les enfants issus du mariage.

Mais il n'y a là qu'une apparence; au fond, on se trouvait en présence de trois intérêts contradictoires : l'intérêt de l'enfant doté, celui de l'époux survivant, enfin ceux des enfants non dotés; c'est tenter œuvre chimérique que de vouloir, en dépit des termes du contrat de mariage et des principes juridiques les moins douteux, concilier ces trois intérêts opposés, de manière que toutes les parties en cause n'aient plus qu'à se déclarer satisfaites. Mieux vaut reconnaître que ces intérêts sont franchement contradictoires. Aussi faut-il, sans hésiter, puisque la clause d'imputation a été insérée dans cette intention au contrat de mariage, faire, au décès du prémourant et jusqu'à celui du survivant, prédominer l'intérêt de l'enfant doté. Du moins, le système que je crois le bon ne fait-il pas courir à l'époux survivant le risque de payer plus que la part dont il doit, en définitive, être considéré comme donateur, ou même plus que l'intégralité de la dot [1].

34. — L'interprétation proposée par la Cour de cassation avait, en pratique, paru si peu satisfaisante, que les parties et leurs conseillers et interprètes les notaires, à cause du sens qu'on attachait à la rédaction courante de la clause d'imputation subsidiaire, avaient renoncé à se servir de cette rédaction, telle qu'elle était usitée jusqu'à l'arrêt de 1899 et que je l'ai rapportée au début de ce paragraphe; pour empêcher qu'on ne dénaturât plus tard la volonté des parties telle qu'elle existait au jour de la signature des conventions matrimoniales, ils avaient adopté des formules

____

(1) V. dans le sens du système de la Cour de Paris (1907): Coirre, *op. cit.*, p. 216 et suiv.; Davril, *op. cit.*, p. 126 et suiv.

moins courtes, mais beaucoup plus explicites; ils écrivaient, par exemple, « *que la dot serait imputable d'abord sur les droits* (ou *sur la part héréditaire*) *de l'enfant doté dans la succession du prémourant et subsidiairement, s'il y avait lieu, sur celle du survivant* »; ou bien ils se servaient de la rédaction usuelle en ajoutant « *que l'époux donataire ne sera jamais tenu à un rapport effectif à la succession du prémourant* ».

Pour supprimer le moindre prétexte à discussion, je crois que les notaires ne doivent pas hésiter à adopter une formule très claire et très précise, à dire, par exemple, « que la dot constituée par les père et mère du futur époux s'imputera, en totalité, sur les droits de ce dernier dans la succession du prémourant, le surplus devant être imputé sur la succession du survivant, dans le cas où la dot serait supérieure aux droits de l'enfant doté dans la succession du prémourant; par suite de quoi, celui-ci devra être considéré comme seul donateur de la dot, si les droits de l'enfant doté dans sa succession sont au moins équivalents au montant de cette dot, l'enfant doté devant, dès lors, en faire le rapport intégral à cette succession; que si, au contraire, la dot est supérieure à ces droits, le survivant sera considéré comme ayant constitué l'excédent, qui ne sera rapportable qu'à sa succession. Avec convention formelle que si le futur époux ne retirait rien de la succession du prémourant des constituants, sa dot, devenue imputable en totalité sur la succession du survivant, devrait être intégralement rapportée à cette succession ».

La formule est un peu longue; mais il me paraît indispensable de s'expliquer aussi complètement, du moins tant que le système admis par la Cour de Paris en 1907 ne sera pas consacré par la Cour de cassation.

⁂

35. — J'ai raisonné jusqu'à présent en supposant que l'enfant acceptait purement et simplement la succession du prémourant des constituants; mais il lui est loisible de

renoncer à cette succession ou de l'accepter seulement sous
bénéfice d'inventaire. Si l'enfant renonce et qu'il soit, en
outre, seul héritier réservataire du prémourant, la situation est des plus simples : il conservera toute la dot, ou
pourra en exiger le paiement intégral si elle ne lui a pas
encore été remise ; s'il y a des héritiers réservataires, il ne
pourra naturellement agir que dans les limites de la quotité disponible, à condition, bien entendu, que ces héritiers soient acceptants, au moins sous bénéfice d'inventaire, sans quoi ils ne pourraient imposer la réduction à
l'enfant doté ; mais si cette quotité disponible est inférieure
à la dot promise et si l'enfant n'obtient pas, de ce fait, un
paiement intégral, il ne pourra pas se retourner contre
l'époux survivant pour lui réclamer le surplus. D'abord, il
se peut que la quotité disponible soit inférieure à la part
qu'aurait recueillie l'enfant s'il avait accepté la succession ;
en renonçant, il a commis une erreur, dont l'époux survivant ne doit pas subir les conséquences ; d'ailleurs, en
toutes hypothèses, celui-ci n'est tenu que de la part que la
succession du prémourant ne peut fournir ; s'il plaît à l'enfant doté de renoncer à cette succession, c'est à ses risques
et périls ; il serait vraiment étrange qu'il pût alors
astreindre le survivant au paiement intégral de la dot. Si
l'enfant doté veut éviter les risques de l'obligation illimitée
aux dettes du défunt, tout en conservant les avantages de
la clause d'imputation subsidiaire, il n'a qu'à accepter la
succession sous bénéfice d'inventaire. Mais, alors, des principes nouveaux entrent en jeu, qui vont modifier dans une
certaine mesure les résultats déterminés par une accepta-
tion pure et simple.

Si, lors du prédécès, l'enfant n'a pas encore obtenu le
paiement de sa dot, il peut la réclamer en qualité de créancier, mais sans plus de droit qu'un créancier ordinaire ; il
viendra donc au marc le franc et, vu les circonstances,
obtiendra rarement le paiement intégral de sa dot.

C'est pour ce montant intégral qu'il devra se porter
créancier : il ne faut pas dire que, la part recueillie par
l'enfant dans la succession du prémourant étant nulle,

celui-ci est rétroactivement libéré de toute contribution à
la dot; les créanciers de la succession, comme les cohéritiers, pourraient avoir intérêt à raisonner ainsi. Mais n'ou-
blions pas que par l'insertion au contrat de mariage de la
clause d'imputation, les constituants avaient entendu ré-
duire autant que possible l'obligation de l'époux survivant,
tout en augmentant les chances que peut avoir l'enfant de
toucher intégralement la dot constituée; les créanciers du
prémourant, qui sont ses ayants cause à titre universel,
doivent subir l'effet de toutes les obligations à la charge de
leur auteur, parmi lesquelles celle d'acquitter, au moins
partiellement, la dot constituée par ce dernier et dont le
non-paiement fait de l'enfant doté un créancier ordinaire
de la succession ; cet enfant devra rapporter à ses cohéritiers et partager avec eux ce qui lui adviendra de cette manière; mais le survivant demeurera donataire du surplus
et pourra se voir poursuivi dans cette proportion.

Si, au contraire, la dot avait été payée à l'aide de valeurs
propres aux constituants ou en biens de communauté, — car
il n'y aura lieu d'apporter au raisonnement qui va suivre
que quelques modifications, qui n'en atteignent le fond
même en quoi que ce soit, — il s'agit de savoir dans quelle
mesure la succession bénéficiaire devra y contribuer en
définitive. Il faut donc ajouter fictivement à cette succession les sommes payées par le prémourant, sur son patrimoine propre, à l'enfant doté. C'est sur l'actif ainsi obtenu
que l'on calculera l'émolument qui, au marc le franc,
revient à l'enfant doté. Le dividende ainsi produit sera
tantôt inférieur, tantôt supérieur à la portion de dot fournie
de son vivant par le prémourant, à l'aide de ses propres, à
l'enfant doté.

S'il est inférieur, comme cela arrivera la plupart du
temps, c'est le survivant, aux dépens de qui l'enfant doit
s'assurer l'irréductibilité de sa dot, qui devra fournir la
différence à la succession bénéficiaire : cette différence fera
partie des biens affectés au paiement des créanciers. On
remplira ainsi, à l'égard de l'enfant et des constituants, le
vœu de la clause d'imputation subsidiaire. Mais cette partie

de la dot reçue par l'enfant du prémourant, du vivant de
ce dernier, devra être rapportée à sa succession, et cela au
profit de tous les héritiers, y compris le bénéficiaire de la
dot; ils en opéreront le partage, ce qui déterminera, en
fin de compte, la portion définitivement attribuée à l'enfant doté, à concurrence de laquelle, seulement, le prémourant se trouvera, vis-à-vis de lui, donateur de la dot. Et
comme l'enfant doté a action contre le survivant, c'est
celui-ci qui devra fournir à chacun des autres héritiers
somme égale à celle que l'enfant doté est considéré comme
ayant recueilli dans la succession.

On le voit, l'espèce est compliquée : ce n'est pas une raison pour n'en point parler, puisqu'en pratique c'est celle
qui donnera lieu aux plus graves difficultés, tant à cause
de sa complexité que des charges qu'elle impose à l'époux
survivant.

Tandis que si le dividende obtenu par l'enfant doté est
supérieur à la portion de dot que lui avait fournie de son
vivant le prémourant de ses père et mère, c'est le survivant
qui devra bénéficier de l'excédent; mais il sera obligé de
fournir aux cohéritiers de l'enfant doté des sommes suffisantes pour qu'ils aient une part égale à celle de celui-ci
dans la succession du prémourant.

⁂

36. — Telles sont, dans les diverses situations susceptibles de se présenter au décès du prémourant des époux, les
solutions qui me paraissent le mieux en harmonie avec l'intention des parties et les règles de nos codes. Pour en terminer avec les effets de la clause d'imputation, il suffit de
dire, et ce peut être fait brièvement, car le terrain est maintenant tout à fait déblayé, ce qui se passe lors du décès de
l'époux survivant.

D'abord, s'il s'agit de la clause d'imputation pure et
simple, puisque nous avons admis que le décès de son conjoint a rendu le survivant étranger à la constitution de

dot, la question ne peut même se poser. Mais si les parties ont eu recours à la clause d'imputation subsidiaire, l'on sait, d'après tout ce qui précède, que le survivant est donateur de l'excédent de la somme recueillie par l'enfant dans la succession du prémourant, où il n'a pu retrouver l'intégralité de sa dot. Cet enfant doit donc le rapport de la valeur constituée par cet excédent à la succession du survivant. Selon la consistance de cette succession, il subira une réduction de sa dot, en dédommagement de laquelle aucun recours ne saurait plus lui être reconnu contre qui que ce soit : il s'agit maintenant de rétablir l'égalité entre tous les enfants ; la dot a été constituée en avancement d'hoirie ; c'est que les père et mère n'ont entendu en garantir l'irréductibilité que jusqu'au décès du survivant d'entre eux. Ils n'ont pas voulu faire échec au principe d'égalité, puisqu'ils n'ont pas constitué la dot par préciput et hors part.

Cependant, l'enfant doté pourra, peut-être, conserver sa dot, en renonçant à la succession de ce dernier mourant de ses auteurs, quelque parti qu'il ait pris, d'ailleurs, quant à celle du prédécédé, pour retenir sa libéralité : à lui de calculer quel est le parti le plus avantageux. Mais à ce moment, la clause d'imputation subsidiaire a produit son plein et entier effet, et c'est au droit commun que l'on se trouve maintenant ramené, en même temps que l'on aboutit au terme de l'étude de la clause d'imputation quant aux effets que sont susceptibles d'engendrer les formes que la pratique utilise, au sujet desquels je me suis efforcé d'apporter quelques éclaircissements.

JEAN SOURDOIS.

5e ANNEE   1909

REVUE
DE
DROIT INTERNATIONAL PRIVÉ
ET DE
DROIT PÉNAL INTERNATIONAL

FONDÉE PAR
A. DARRAS
RÉDIGÉE PAR
A. de LAPRADELLE
PROFESSEUR AGRÉGÉ A LA FACULTÉ DE DROIT DE PARIS
ASSOCIÉ DE L'INSTITUT DE DROIT INTERNATIONAL

avec la collaboration de jurisconsultes, magistrats et professeurs, français et étrangers

Secrétaire de la rédaction : **P. GOULÉ**, Docteur en droit, ancien magistrat

Abonnement annuel

France............... 20 francs. — Étranger............... **22 fr. 50**
L'année terminée se vend.................... **22 francs.**
Les cinq années parues.................... **100 francs.**

LÉON JACQUES

De quelques Considérations
sur la
" Res publica "
Européenne

1 volume in-8°.................... **4 francs net.**

Le Gérant : L. LAROSE.

BAR-LE-DUC. — IMPRIMERIE CONTANT-LAGUERRE